Impressum
Verlag: BABADADA GmbH, Nedderfeld 112 , 22529 Hamburg
Geschäftsführer / Verlagsleitung: Harald Hof
Druck: Books on Demand GmbH, In de Tarpen 42, 22848 Norderstedt

Imprint
Publisher: BABADADA GmbH, Nedderfeld 112 , 22529 Hamburg, Germany
Managing Director / Publishing direction: Harald Hof
Print: Books on Demand GmbH, In de Tarpen 42, 22848 Norderstedt, Germany

ښوونځی

школа

ټولګی
классная комната
تقسیم
делить
186/2
доска
ښوونکی
учитель
د ښوونځي حویلی
школьный двор
ورق
бумага
لیکل
писать
قلم
ручка
письменный стол
خط کش
линейка
کتاب
книга
زده کونکی
ученик

کڅوړه

ранец

د پنسل بکسه

пенал

پنسل

карандаш

پنسل تراش

точилка

ربړ

ластик

د رسامۍ پاڼه

альбом для рисования

2 ښوونځی - школа

رسامي

рисунок

د نقاشۍ برس

кисточка

د نقاشۍ بکس

коробка красок

قیچي

ножницы

سریښ

клей

د تمرین کتاب

тетрадь

کورنۍ دنده

домашняя работа

12

شمیر

цифра

2+2

جمع

прибавлять

5-2

منفي

вычитать

2×2

ضرب

умножать

حساب

считать

A

توری

буква

ABCDEFG
HIJKLMN
OPQRSTU
VWXYZ

الفبا

алфавит

hello

کلمه

слово

متن

текст

لوستل

читать

تباشیر

мел

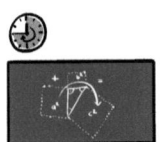

درس

урок

راجستر

классный журнал

ازموينه

экзамен

تصديق پاڼه

диплом

د ښووونځي يونيفارم

школьная форма

تعلیم

образование

دايره المعارف

энциклопедия

پوهنتون

университет

مايكروسكوپ

микроскоп

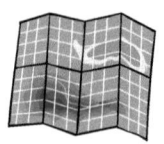

نقشه

карта

اشغالدانی

корзина для бумаг

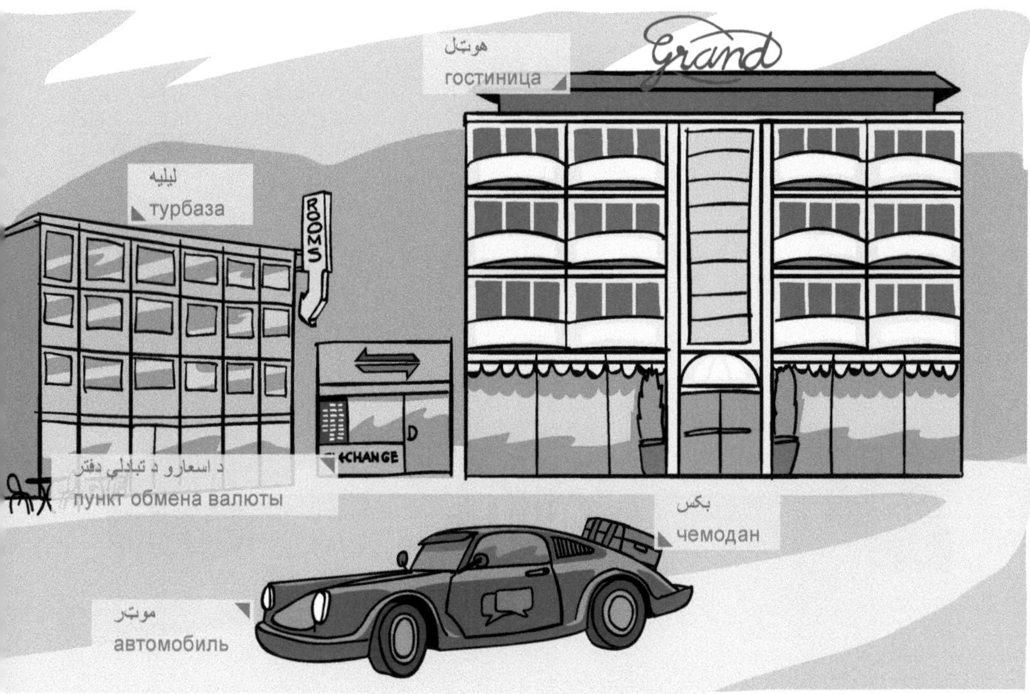

Grand
هوټل
гостиница
لیلیه
турбаза
ROOMS
EXCHANGE
د اسعارو د تبادلې دفتر
пункт обмена валюты
بکس
чемодан
موټر
автомобиль

ژبه

язык

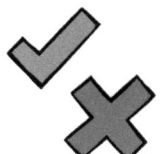

هو/نه

да / нет

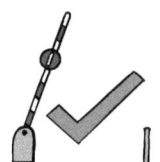

سمه ده

хорошо

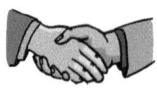

سلام

Привет

ژباړونکی

переводчик

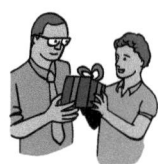

منّنه

Спасибо

څومره دي...؟

Сколько стоит...?

زه نه پوهيږم

Я не понимаю

ستونزه

проблема

ماښام مو پخير!

Добрый вечер!

سهار په خير!

Доброе утро!

شپه په خير!

Доброй ночи!

په مخه مو ښه

До свидания

لاربښود

направление

سامان

багаж

بيگ

сумка

شاتنی بکس

рюкзак

میلمه

гость

خونه

комната

د خوب کڅوړه

спальный мешок

خیمه

палатка

د توریزم معلومات

туристическая информация

ساحل

пляж

کریډیټ کارت

кредитная карточка

ناری

завтрак

د غرمي خواړه

обед

د شپي خواړه

ужин

ټیکټ

билет

لفټ

лифт

مهر

почтовая марка

پوله

граница

ګمرک

таможня

سفارت

посольство

ویزه

виза

پاسپورټ

паспорт

ټرانسپورټ

транспорт

الوتکه
самолёт
корабль
د اور ماشین
пожарный автомобиль
بس
автобус
ټرک
грузовик
موټرکښتی
моторная лодка
بایک
велосипед
موټر
автомобиль

کښتی

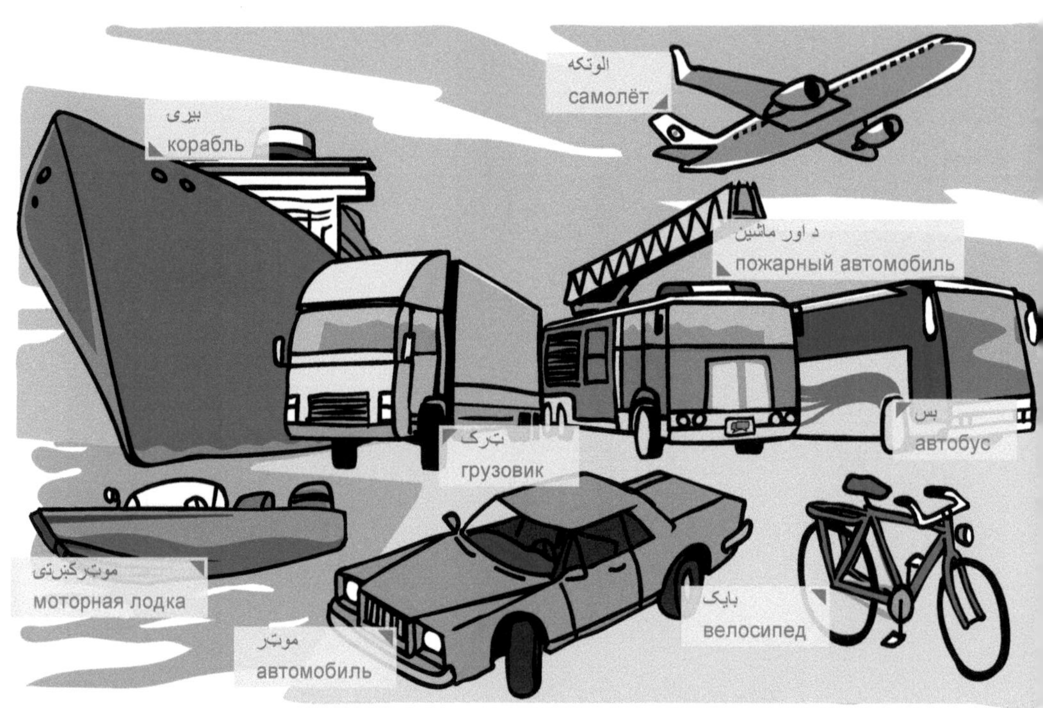

паром

کښتی

лодка

موټرسایکل

мотоцикл

د پولیسو موټر

полицейский автомобиль

د ریس موټر

гоночный автомобиль

کرایی موټر

арендованный автомобиль

د کرایه موټرې

....

совместное пользование автомобилями

جرثقیل لرونکی ټرک

....

буксировочный автомобиль

ریفیوز ټرک

....

мусоровоз

موټر

....

двигатель

سونګ توکي

....

топливо

پټرول سټیشن

....

заправка

ترافیکي نښه

....

дорожный знак

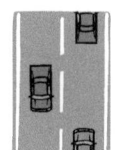

ترافیک

....

движение

جام ترافیک

....

пробка

د موټرو تمځای

....

автостоянка

د ریل سټیشن

....

вокзал

پاټکي

....

рельсы

ریل

....

поезд

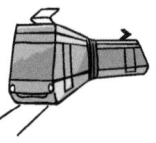

ټرام

....

трамвай

واګون

....

вагон

چورلکه

вертолёт

هوايي ډګر

аэропорт

برج

вышка

مسافر

пассажир

کانټينر

контейнер

کارتون

коробка

کارت

тележка

ټوکرۍ

корзина

الوتنه کول/کښېناستل

взлетать / приземляться

ښار

город

کلی

деревня

د ښار مرکز

центр города

کور

дом

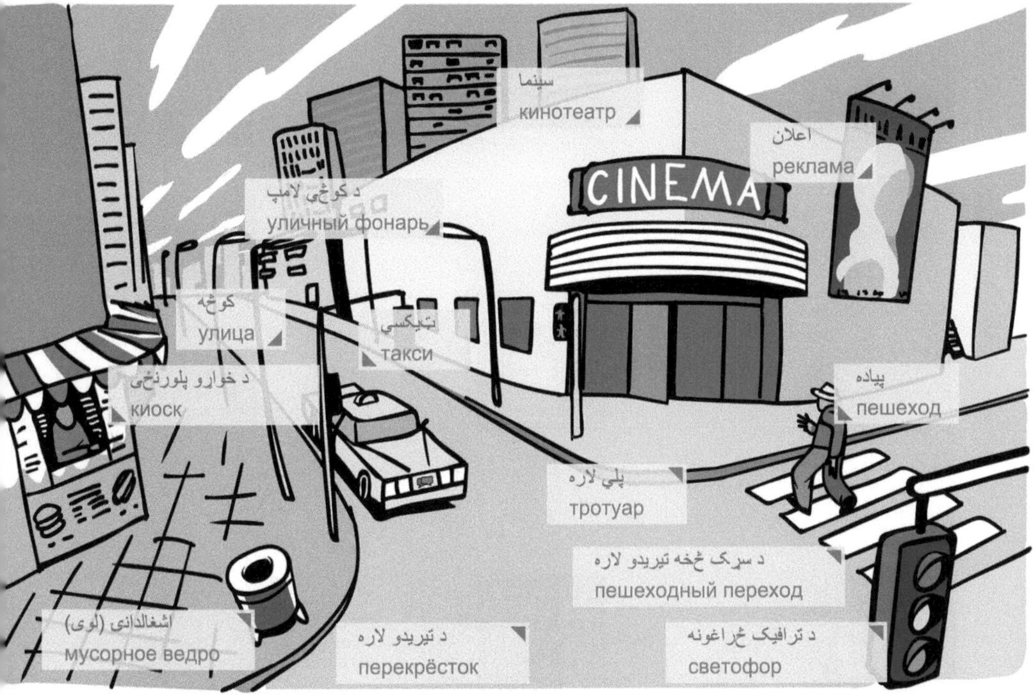

سینما
кинотеатр
اعلان
реклама
د کوڅې لامپ
уличный фонарь
کوڅه
улица
ټېکسي
такси
د خوارو پلورنځی
киоск
پیاده
пешеход
پلي لاره
тротуар
د سړک څخه تېریدو لاره
пешеходный переход
اشغالدانی (لوی)
мусорное ведро
د تیریدو لاره
перекрёсток
د ترافیک څراغونه
светофор

کودله

хижина

اپارتمان

квартира

د ریل سټېشن

вокзал

ټاون هال

ратуша

میوزیم

музей

ښوونځی

школа

پوهنتون

....

университет

بانک

....

банк

روغتون

....

больница

هوټل

....

гостиница

درملتون

....

аптека

دفتر

....

офис

کتاب پلورنځی

....

книжный магазин

پلورنځی

....

магазин

د ګلانو پلورنځی

....

цветочный магазин

لوی پلورنځی

....

супермаркет

مارکیټ

....

рынок

د ډیپارټمنټ سټور

....

универмаг

کب پلورنځی

....

торговец рыбой

د پلور مرکز

....

торговый центр

لنګرتون

....

порт

پارک

парк

بينچ

скамейка

پل

мост

زينه

лестница

د ځمکي لاندي

метро

تونل

тоннель

بس تمځای

автобусная остановка

بار

бар

ريستورانټ

ресторан

پوست بکس

почтовый ящик

د کوڅې نښه

табличка с названием улицы

د پارک کولو میټر

паркометр

ژوبڼ

зоопарк

د لامبو حوض

бассейн

مسجد

мечеть

کرونده
ферма

ناپاکي
загрязнение окружающей среды

هدیره
кладбище

چرچ
церковь

د لوبو ډګر
детская площадка

معبد/کلیسا
храм

منظره
ландшафт

پاڼه
лист
د لارښوونې نښه
дорожный указатель
لاره
дорога
چمن
луг
камень
ونه
дерево
путешественник
سیند
река
واښه
трава
ګل
цветок

دره
....
долина

غونډۍ
....
гора

ناور
....
озеро

ځنګل
....
лес

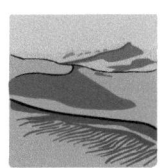

دښته
....
пустыня

اورشیندی
....
вулкан

کلا
....
замок

رنګین کمان
....
радуга

مرخیړي
....
гриб

پلم ونه
....
пальма

ماشي
....
комар

الوتل
....
муха

میږی
....
муравей

مچۍ
....
пчела

غونډل/جولا
....
паук

ګونګټ
....
жук

چونګښه
....
лягушка

نولی
....
белка

زيږکی
....
еж

سوی
....
заяц

ګونګ
....
сова

مرغۍ
....
птица

قازه
....
лебедь

نرخوګ
....
кабан

هوسۍ
....
олень

ګاوزه
....
лось

بند
....
плотина

بادي توربين
....
ветряной генератор

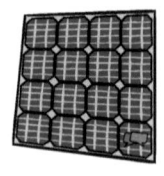

سولر تختي
....
солнечная батарея

اقليم
....
климат

ریسټورانټ

ресторан

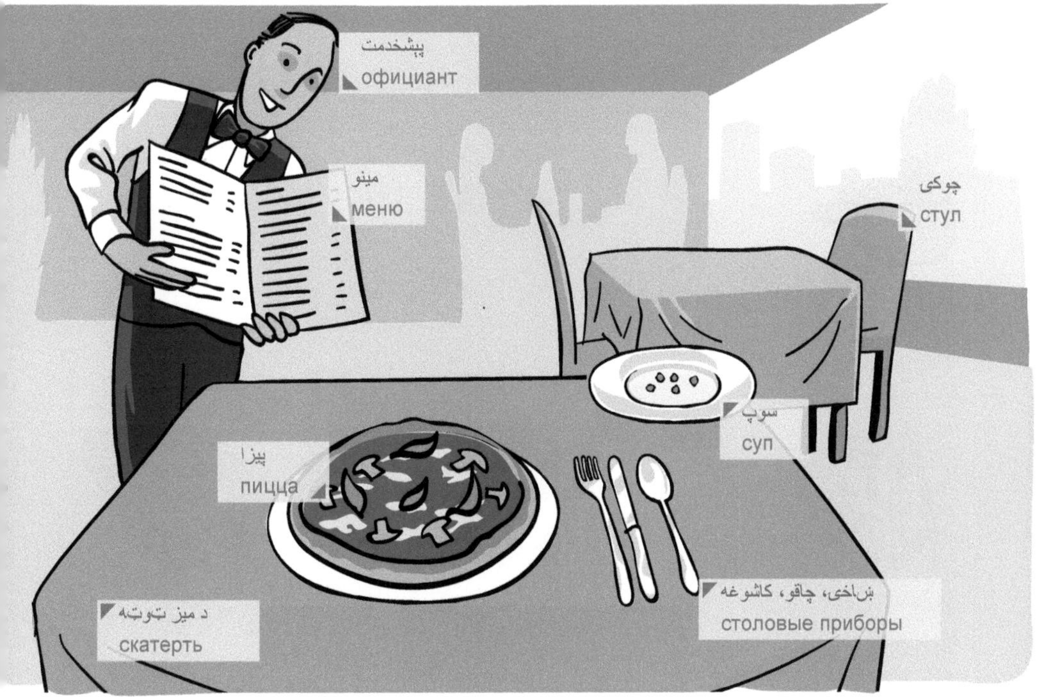

پیشخدمت
официант
مینو
меню
چوکی
стул
سوپ
суп
پیزا
пицца
د میز ټوټه
скатерть
ښاخی، چاقو، کاشوغه
столовые приборы

سټارټر

закуска

اصلي خواړه

главное блюдо

شیرني

десерт

څښاک

напитки

خواړه

еда

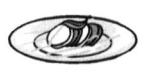

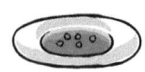

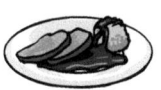

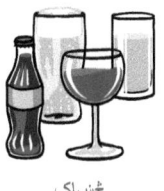

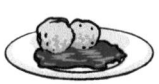

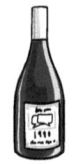

بوتل

бутылка

فاست فود

фастфуд

د کوڅي خواړه

уличная еда

چای جوش

чайник

قندانی

сахарница

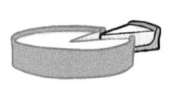

برخه

порция

اسپرسو مشين

кофеварка

لوړه چوکۍ

детский стульчик

رسيد

счет

مجمه

поднос

چاکو

нож

پنجه

вилка

قاشق

ложка

چای قاشق

чайная ложка

سورويت

салфетка

ګلاس

стакан

ريستورانت - ресторан

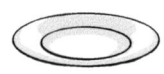

پلیټ

тарелка

د سوپ پلیټ

суповая тарелка

نالبکی

блюдце

ساس

соус

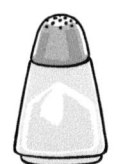

مالګه شیندونکی

солонка

د مرچ ټکولو لوخی

мельница для перца

سرکه

уксус

غوړي

масло

مساله

специи

کچ اپ

кетчуп

شرشم

горчица

چکه

майонез

لوی پلورنځی

супермаркет

специальное предложение
پیرودونکی
покупатель
لبنیات
молочные продукты
میوه
фрукты
тележка для покупок

قصابي

мясной магазин

نانوايي

пекарня

وزن کول

взвешивать

سبزیجات

овощи

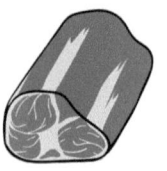

غوښه

мясо

کنګل خواړه

быстрозамороженные продукты

یخه غوښه

нарезка

کنسروا خواړه

консервы

د مینځلو پوډر

стиральный порошок

شیریني

сладости

کورني تولیدات

предмет домашнего обихода

د پاکولو محصولات

моющее средство

د پلور فرد

продавщица

د نغدي راجستر

касса

صراف

кассир

د پیرود لیست

список покупок

کاري ساعتونه

время работы

بټوه

бумажник

کریډیټ کارت

кредитная карточка

کڅوړه

сумка

پلاستیک کڅوړه

полиэтиленовый пакет

څښاک
напитки

اوبه

вода

جوس

сок

شيده

молоко

کوک

кока-кола

واين

вино

بير

пиво

الکول

алкоголь

ککاو

какао

چای

чай

کافي

кофе

اسپرسو

эспрессо

کپچينو

капучино

خواړه

еда

کیله

банан

مڼه

яблоко

نارنج

апельсин

هندواڼه

арбуз

ليمو

лимон

ګازره

морковь

هوږه

чеснок

بانکس

бамбук

پياز

лук

مرخیړي

гриб

چغزی

орехи

آش

лапша

سپيګټي
....
спагетти

وريجي
....
рис

سلاد
....
салат

چپس
....
картофель фри

سره کړي کچالو
....
жареный картофель

پيزا
....
пицца

همبرګر
....
гамбургер

ساندويچ
....
сэндвич

کتره
....
шницель

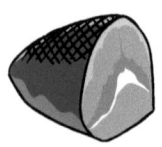

د پتون غوښه
....
ветчина

سلمي
....
салями

ساسچ
....
колбаса

چرګ
....
курица

روسټ
....
жаркое

کب
....
рыба

د وربشي شيرني

овсяные хлопья

موسلي

мюсли

د جوار پلی

кукурузные хлопья

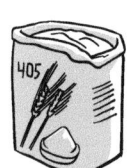

اوړه

мука

کروسانت

круассан

د ډوډۍ رول

булочка

ډوډۍ

хлеб

ټوسټ

тост

بسکیټ

печенье

کوچ

масло

چکه

творог

کیک

пирог

هګۍ

яйцо

پښې هګۍ

яичница

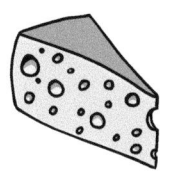

پنیر

сыр

آیس کريم

мороженое

بوره

сахар

شهد

мёд

مربا

мармелад

نوګات کريم

крем с нугой

کورکمان

карри

کرونده

ферма

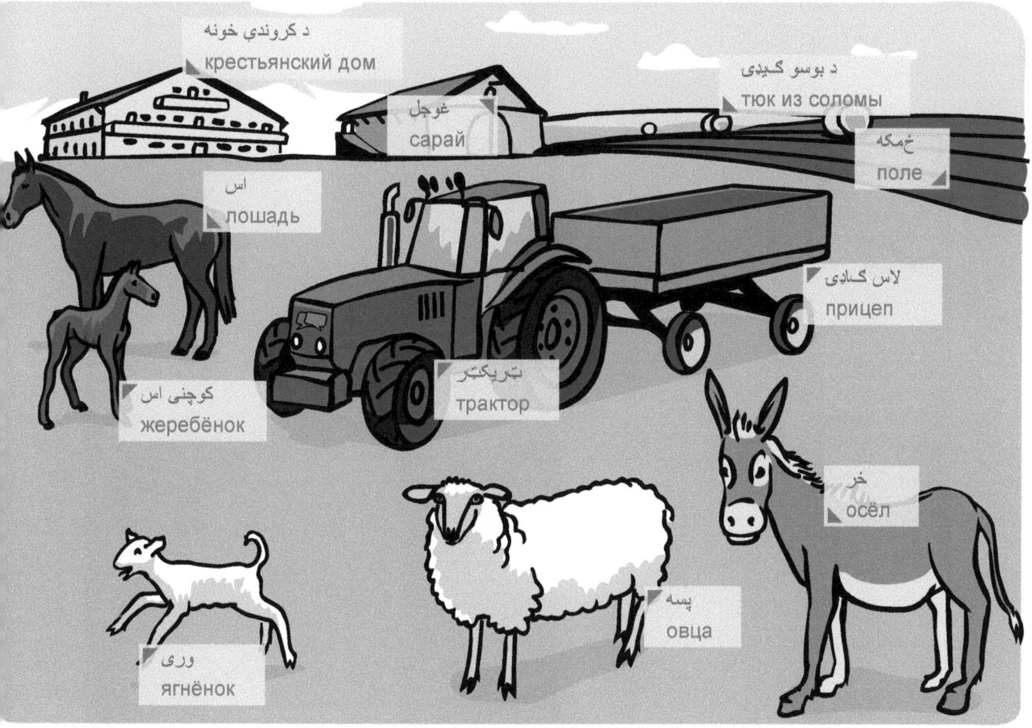

د کروندي خونه
крестьянский дом
غوجل
сарай
د بوسو ګېډۍ
тюк из соломы
ځمکه
поле
اس
лошадь
لاس ګاډی
прицеп
ټریکټر
трактор
کوچنی اس
жеребёнок
خر
осёл
پسه
овца
وری
ягнёнок

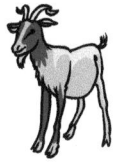

وزه

....

коза

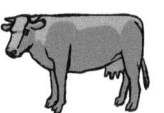

غوا

....

корова

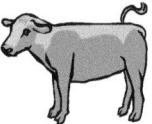

خوسکی

....

телёнок

خوګ

....

свинья

د خوګ بچی

....

поросёнок

غويی

....

бык

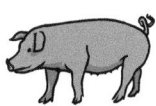

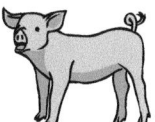

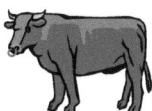

بته

гусь

هیلی

утка

چرګوړی

цыплёнок

چرګه

курица

بانګي

петух

سارای موږک

крыса

پیشک

кошка

موږک

мышь

غویی

вол

سپی

собака

د سپي خونه

конура

د باغ هوز

садовый шланг

د اوبو لوخی

лейка

لور (داس)

коса

یوی

плуг

لور

серп

رمبی

мотыга

ښاخی

навозные вилы

تبر

топор

کراچۍ

тачка

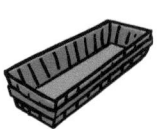

ناوه

корыто

د شیدو لوخی

бидон для молока

جوال

мешок

کټاره

забор

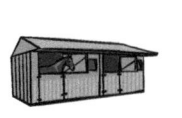

مضبوط

хлев

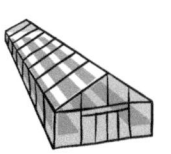

شنه خونه

теплица

خاوره

почва

تخم

посев

سره/کود

удобрение

ګډ ریبونکی ماشین

комбайн

زيرمه کول

собирать урожай

درمند

урожай

خواږه کچالو

ямс

غنم

пшеница

سويا

соя

کچالو

картофель

جوار

кукуруза

نباتي تخم

рапс

د ميوي ونه

фруктовое дерево

مانيوک

маниок

غله

злаки

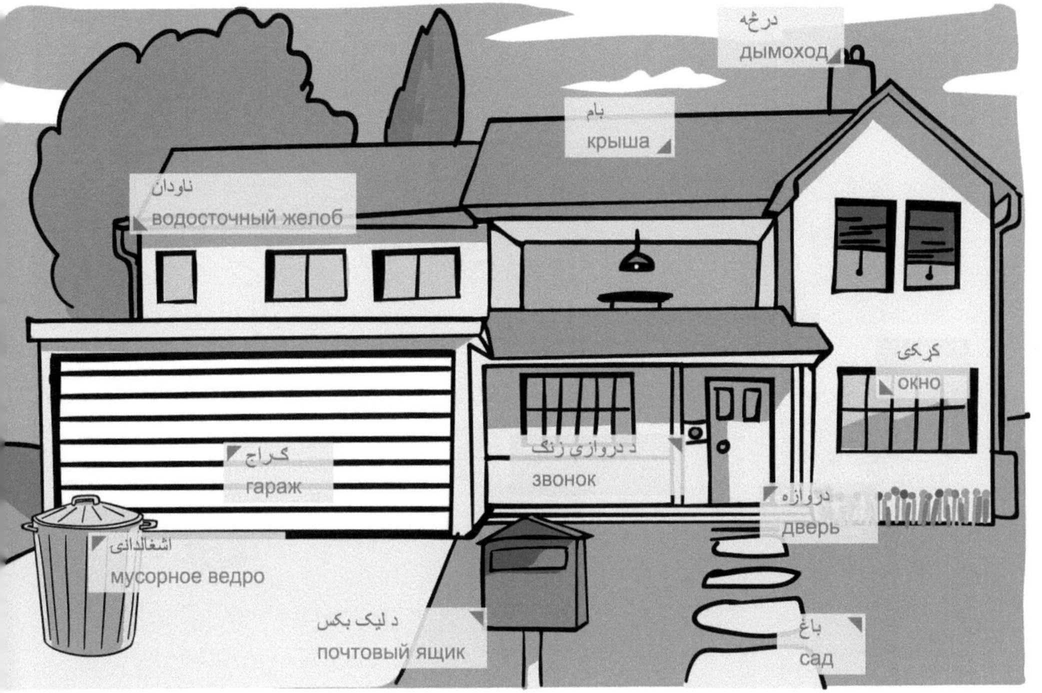

дымоход
بام
крыша
ناودان
водосточный желоб
окно
гараж
د دروازې زنګ
звонок
دروازه
дверь
اشغالدانی
мусорное ведро
د لیک بکس
почтовый ящик
باغ
сад

د اوسیدو خونه

гостиная

حمام

ванная комната

پخلنځی

кухня

د ویده کیدو خونه

спальня

د ماشوم خونه

детская комната

د خوړو خونه

столовая

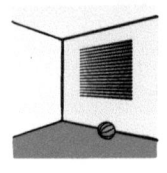

فرش

пол

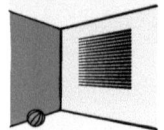

ديوال

стена

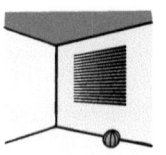

چت

потолок

زيرخانه

подвал

سونا

сауна

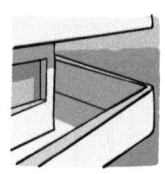

بالکوني

балкон

تراس

терраса

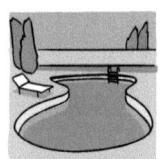

حوض

бассейн

د چمن وهلو ماشين

газонокосилка

شيټ

пододеяльник

روجايي

покрывало

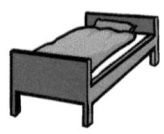

تخت

кровать

جارو

метла

بوکه

ведро

سويچ

выключатель

د اوسيدو خونه

гостиная

обои
عکس
рисунок
لامپ
лампа
شیلف
полка
الماری
шкаф
تلویزیون
телевизор
نغری
камин
ګل
цветок
بالښت
подушка
صوفه
диван
ګلدانی
ваза
ریموټ کنټرول
пульт дистанционного управления

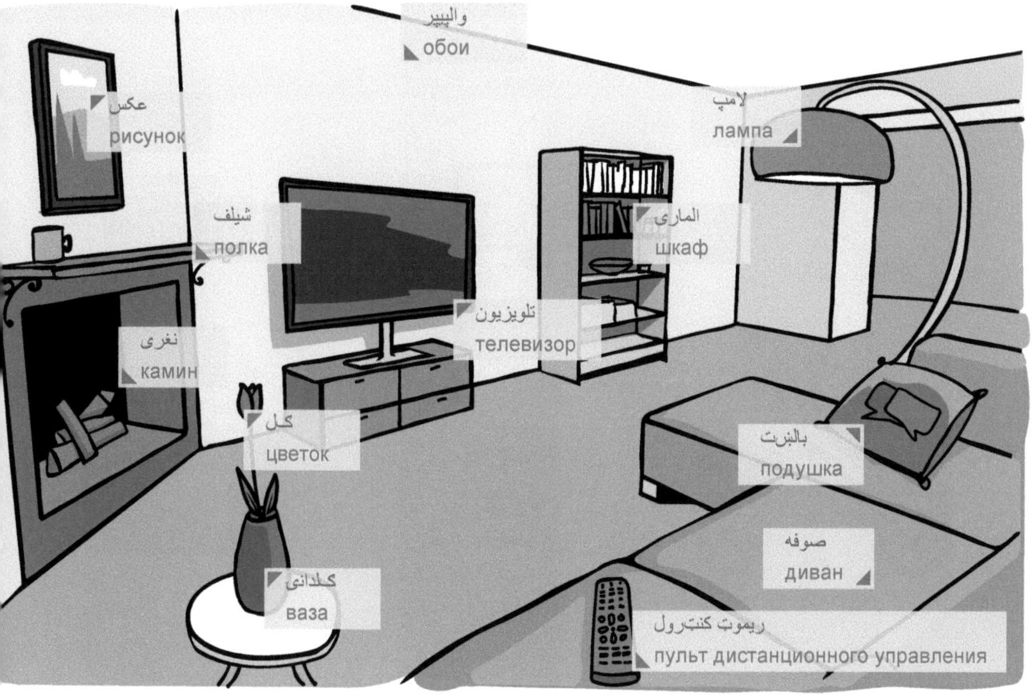

غالی

....

ковёр

پرده

....

штора

میز

....

стол

چوکی

....

стул

تاویدونکي چوکی

....

кресло-качалка

بازو لرونکی چوکی

....

кресло

کتاب

книга

کمپل

покрывало

ډیکوریشن

украшение

د اور لرګي

дрова

فلم

фильм

هایـفای

стереосистема

کلي

ключ

ورځپاڼه

газета

نقاشي

картина

پوسټر

плакат

راډیو

радио

کتابچه

блокнот

واکیوم جارو

пылесос

کاکتوس

кактус

شمع

свеча

پخلنځی

кухня

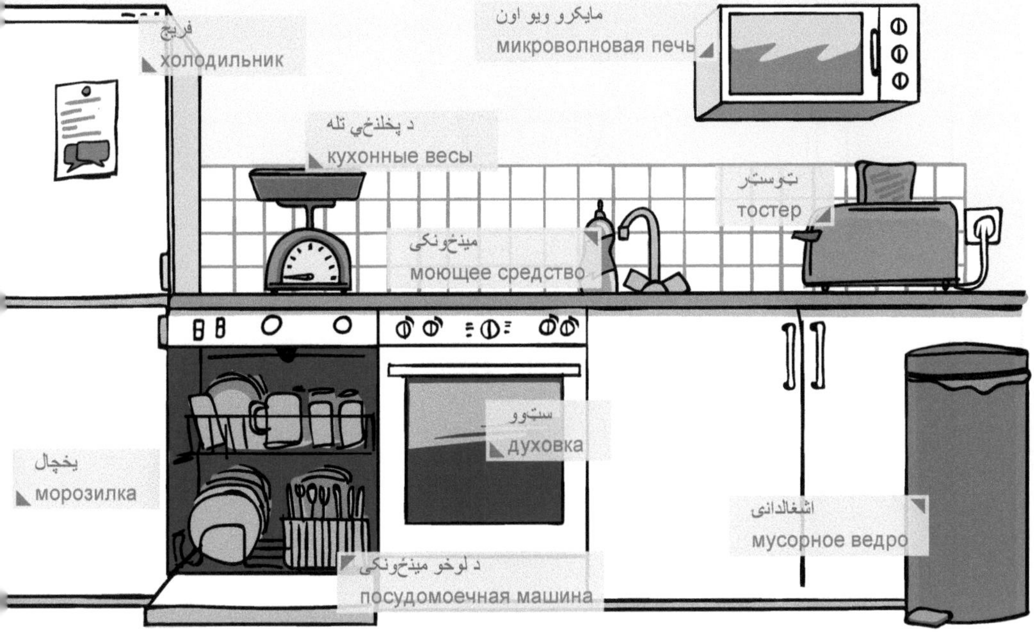

فریج
холодильник
مایکرو ویو اون
микроволновая печь
د پخلنځي تله
кухонные весы
ټوسټر
тостер
مینځونکی
моющее средство
سټوو
духовка
یخچال
морозилка
اشغالدانی
мусорное ведро
د لوخو مینځونکی
посудомоечная машина

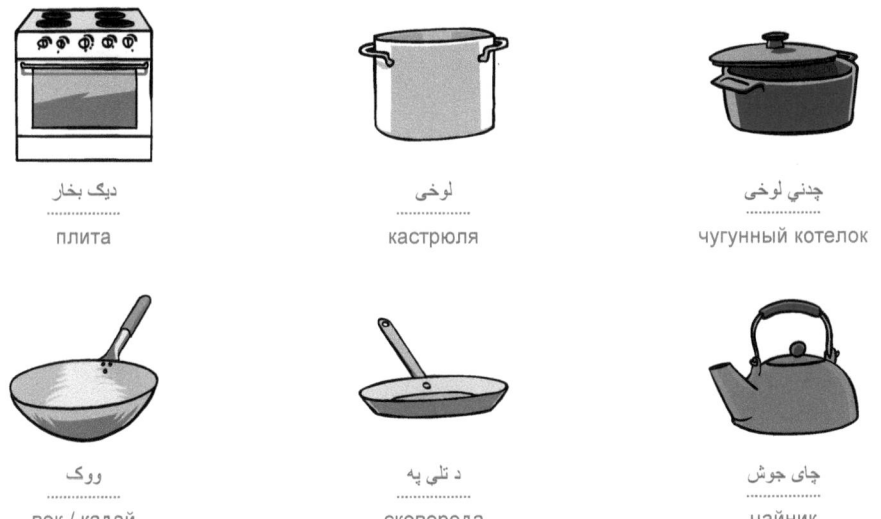

دیگ بخار

плита

لوخی

кастрюля

چدني لوخی

чугунный котелок

ووک

вок / кадай

د تلي په

сковорода

چای جوش

чайник

د بخار دیګ

пароварка

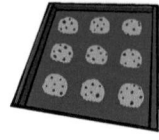

پتنوس

противень

لوخي

посуда

مګ

кружка

کاسه

миска

د رانیولو اوزار

палочки для еды

ځمڅۍ

половник

کفګیر

лопатка

پاکونکی

сбивалка

صافي

сито

غلبیل

сито

ګریټر

тёрка

اونګ

ступка

بار بي کیو

гриль

خلاص اور

костёр

تخته
....
доска

هوارونکی
....
скалка

کارک سکریو
....
штопор

ټیم
....
жестяная банка

د ټیم خلاصونکی
....
консервный нож

د لوښي ټوټه
....
прихватка

ظرف شوی
....
раковина

برس
....
щетка

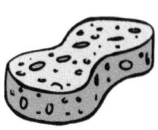

سپنج
....
губка

بلیندر
....
миксер

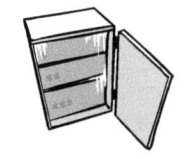

ژور یخچال
....
морозильная камера

د ماشوم بوتل
....
бутылочка для кормления

نل
....
кран

حمام

ванная комната

تودول
отопление
جان پاک
полотенце
شاور
душ
د شاور پرده
душевая занавеска
пенистая ванна
د حمام ټب
ванна
стакан
د مینځلو مشین
стиральная машина
кран
ټایلونه
плитка
یو ډول کمود
горшок
ظرف شوی
раковина

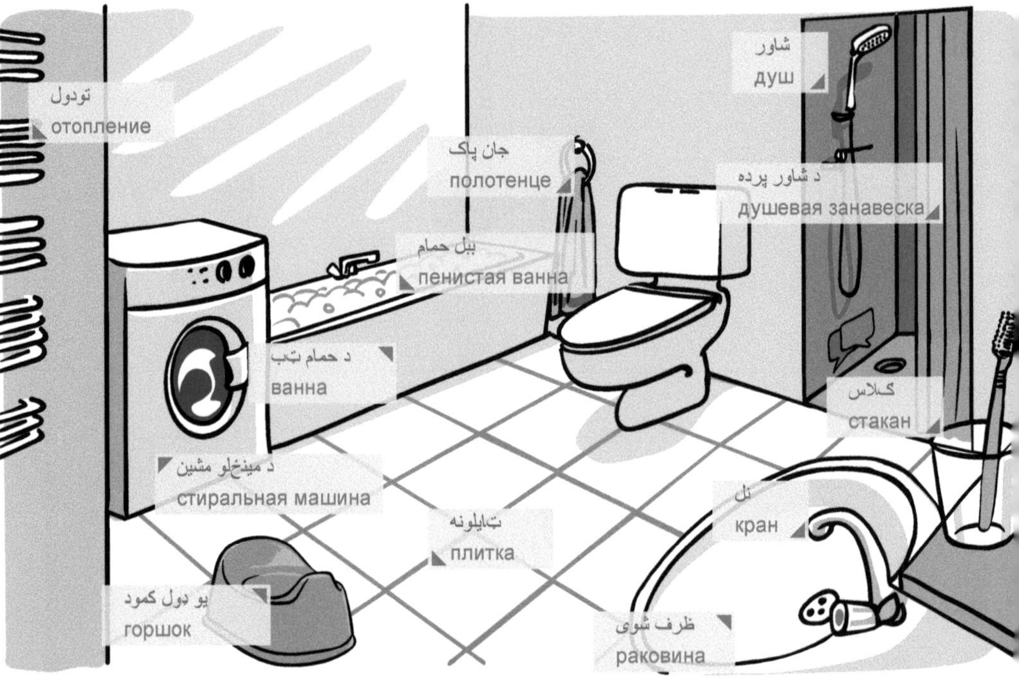

تشناب

туалет

فرشي کمود

напольный унитаз

کمود

биде

د متیازو ځای

писсуар

تشناب کاغذ

туалетная бумага

د تشناب برس

ершик

د غاښونو برس

зубная щетка

د غاښونو کريم

зубная паста

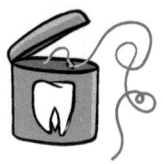

د غاښونو نخ

зубная нить

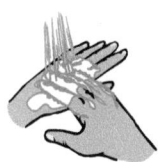

مينځل

мыть

لاسي شاور

ручной душ

دوش

интимный душ

خانک

таз

د شا برس

щетка для спины

صابون

мыло

د شاور ژل

гель для душа

شامپو

шампунь

فلانل جامه

мочалка

وچول

сток

کريم

крем

سپرې

дезодорант

آینه

зеркало

لاسي آینه

ручное зеркало

ریزر

бритва

د خریلو فوم

пена для бритья

د خریلو وروسته

лосьон после бритья

گمنځ

расческа

برس

щетка

د ویښتانو وچونکی

фен

د ویښتانو سپری

лак для волос

میک اپ

косметика

لیپ سټیک

губная помада

د نوکانو پالش

лак для ногтей

کاټن وړی

вата

ناخن گیر

маникюрные ножницы

عطر

духи

د مينځلو کڅوړه

....

косметичка

سټول

....

табуретка

د وزن کولو تله

....

весы

د حمام پوښاک

....

халат

د ربړ دستکش

....

резиновые перчатки

ټامپون

....

тампон

صحيي جان پاک

....

гигиеническая прокладка

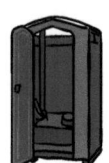

کيميکل تشناب

....

биотуалет

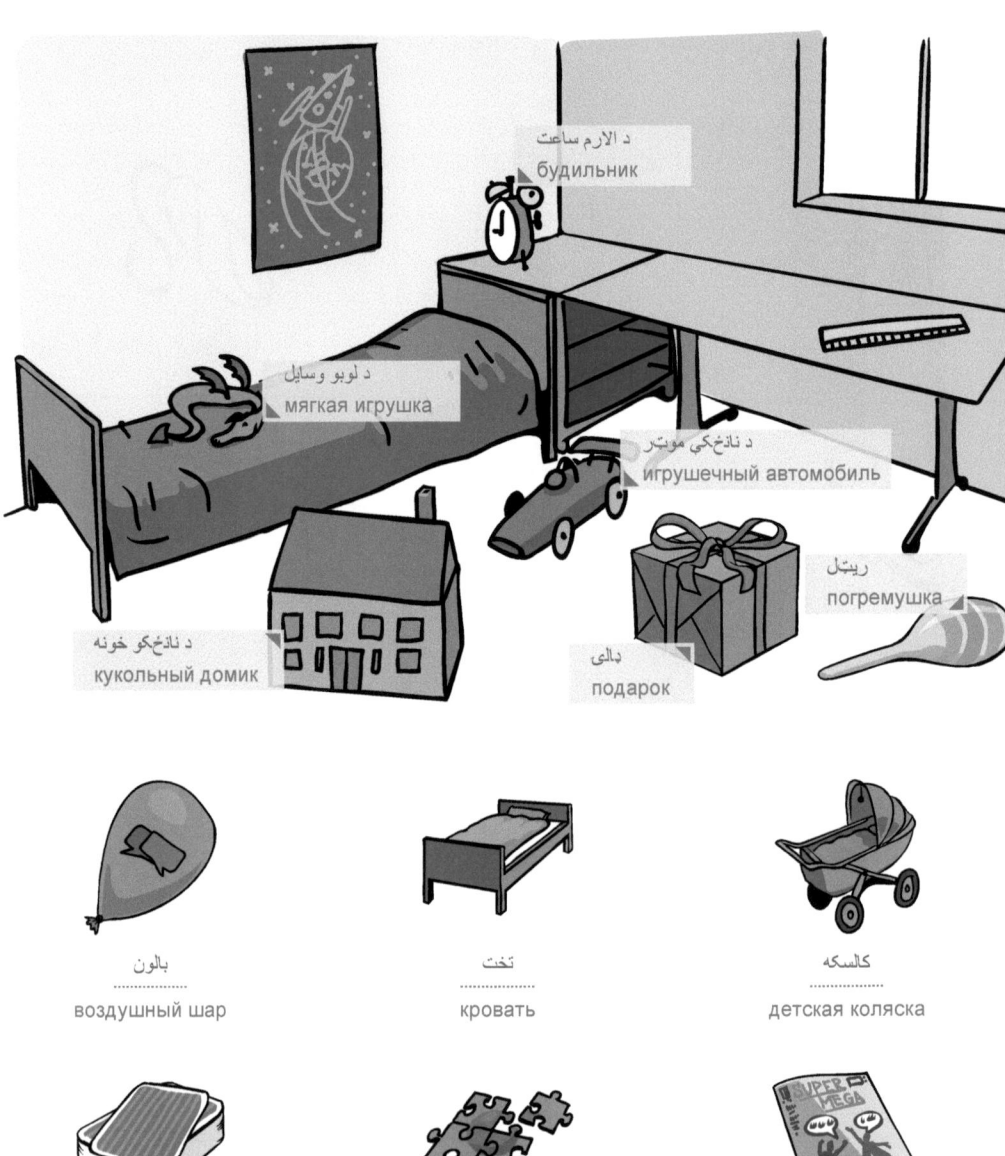

د ماشوم خونه

детская комната

د الارم ساعت
будильник
د لوبو وسایل
мягкая игрушка
د ناڅکي موټر
игрушечный автомобиль
ریټل
погремушка

بالون

воздушный шар

تخت

кровать

کالسکه

детская коляска

د لوبو ورقې

карточная игра

جیګسا

пазл

مسخره

комикс

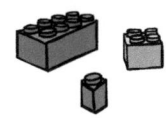

لیکو بریک

кирпичики Лего

د نانځکو بلاک

кубики

د اکشن فیګور

игрушечная фигурка

د ماشوم پوښاک

ползунки

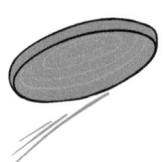

فریزبي

фрисби

موبایل

мобиле

بورډ لوبه

настольная игра

تاس

кубик

ماډل ریل سیټ

модель железной дороги

ګونګشی

соска

پارټي

вечеринка

د عکسونو البوم

книга с картинками

بال

мяч

نانځکه

кукла

لوبیدل

играть

د شګو کنده

песочница

سوینګ

качели

ناڅکي

игрушка

د ویډیو لوبو کنسول

игровая приставка

ټرای سایکل

трёхколесный велосипед

ګوډکه

плюшевый медвежонок

د کالو الماری

шкаф для одежды

پوښاک

одежда

جرابي

носки

لوړي جرابي

чулки

ټایټس

колготки

زروکی

зонтик

футболка

کمربند
ремень

سنیکر
кроссовки

بوټان
сапоги

سلیپر
тапки

سینډل
....
сандалии

بوټان
....
ботинки

د ربړ بوټان
....
резиновые сапоги

زیرنیکري
....
трусы

سینه بند
....
бюстгальтер

واسکټ
....
майка

بادي

боди

پتلون

брюки

جينز

джинсы

لمن

юбка

بلاوز

блузка

شرټ

рубашка

بنيان

свитер

سويټر

свитер

بليزر

спортивная куртка

جاکټ

жакет

کوټ

пальто

د باران کوټ

плащ

پوښاک

костюм

کالي

платье

د واده پوښاک

свадебное платье

دريشي

мужской костюм

د شپې پوښاک

ночная сорочка

پاجامه

пижама

ساړي

сари

لوپټه

платок

پټکی

тюрбан

برقه

паранджа

کفتن

кафтан

عبا

абайя

د لامبو پوښاک

купальник

نيکر

плавки

شارټ

шорты

د ځغاستې پوښاک

спортивный костюм

پيش بند

фартук

دستکش

перчатки

بټن

пуговица

عینک

очки

لاس بند

браслет

غاړه کۍ

цепочка

ګوتمه

кольцо

غوږوالۍ

серьга

خولۍ

шапка

کوټ بند

вешалка

خولۍ

шляпа

ټایی

галстук

ځنځیر

застежка молния

هیلمیټ

шлем

تړونکی

подтяжки

د ښوونځي یونیفارم

школьная форма

یونیفارم

форма

بیب

детский нагрудник

ګـونګـشی

соска

نیپي

подгузник

دفتر

офис

سرور
сервер
د دوسیه الماری
канцелярский шкаф
پرینټر
принтер
ورق
бумага
مانیټور
монитор
письменный стол
ماوس
мышь
папка
کي بورډ
клавиатура
اشغالدانی
корзина для бумаг
کمپیوټر
компьютер
چوکی
стул

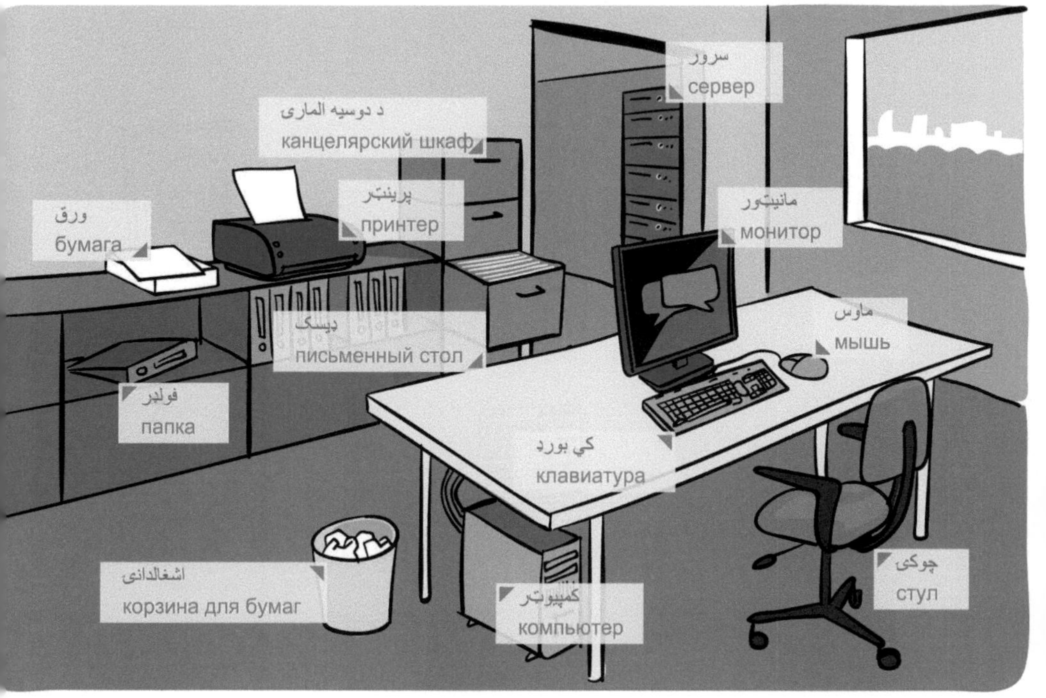

د کافي پیاله

кофейная кружка

کالکولیټر

калькулятор

انټرنیټ

интернет

لپ ٹاپ
....
ноутбук

لیک
....
письмо

پیغام
....
сообщение

موبایل
....
мобильный телефон

نیٹورک
....
сеть

فوٹوکاپیر
....
ксерокс

سافٹویر
....
программа

تلیفون
....
телефон

پلک ساکٹ
....
розетка

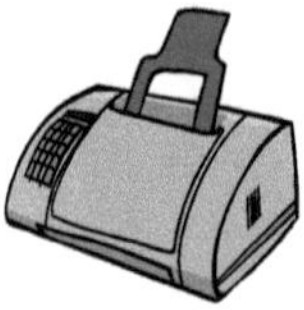

فکس مشین
....
факс

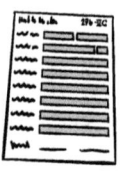

فارم
....
формуляр

سند
....
документ

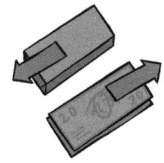

پیرل

покупать

تادیه کول

платить

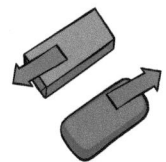

سوداګري کول

торговать

پیسې

деньги

ډالر

доллар

یورو

евро

ین

иена

ربل

рубль

سويسي فرانک

франк

رینمینبي یوان

жэньминьби юань

روپۍ

рупия

د نغدي پیسو ځای

банкомат

د اسعارو د تبادلي دفتر

....

пункт обмена валюты

سره زر

....

золото

سپین زر

....

серебро

تیل

....

нефть

انرژي

....

энергия

نرخ

....

цена

قرارداد

....

договор

مالیه

....

налог

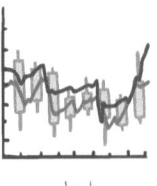

اسهام

....

акция

کار کول

....

работать

کارمند

....

служащий

کار گومارونکی

....

работодатель

فابریکه

....

фабрика

پلورنځی

....

магазин

مسلکونه

профессии

د اطفایه غړی
пожарный
د پولیسو افسر
милиционер
آشپز
повар
ډاکټر
врач
пилот

باغوان

садовник

نجار

столяр

خیاط

швея

قاضي

судья

کیمیا پوه

химик

د فلم لوبغاړی

актёр

د بس ډرایور

водитель автобуса

د ټیکسي ډرایور

таксист

کب نیونکی

рыбак

خدمه

уборщица

بام جوړونکی

кровельщик

پېشخدمت

официант

ښکاري

охотник

نقاش

художник

نانوا

пекарь

د برښنا کارکونکی

электрик

تعمیر جوړونکی

строитель

انجنیر

инженер

قصاب

мясник

نلدوان

сантехник

پوست رسونکی

почтальон

سرتیری

солдат

مهندس

архитектор

صراف

кассир

مالیار

флорист

نایی

парикмахер

کلینډر

кондуктор

میکانیک

механик

کپتان

капитан

د غاښونو ډاکټر

зубной врач

ساینس پوه

ученый

ښاغلی

раввин

امام

имам

مذهبي نفر

монах

پادري

священник

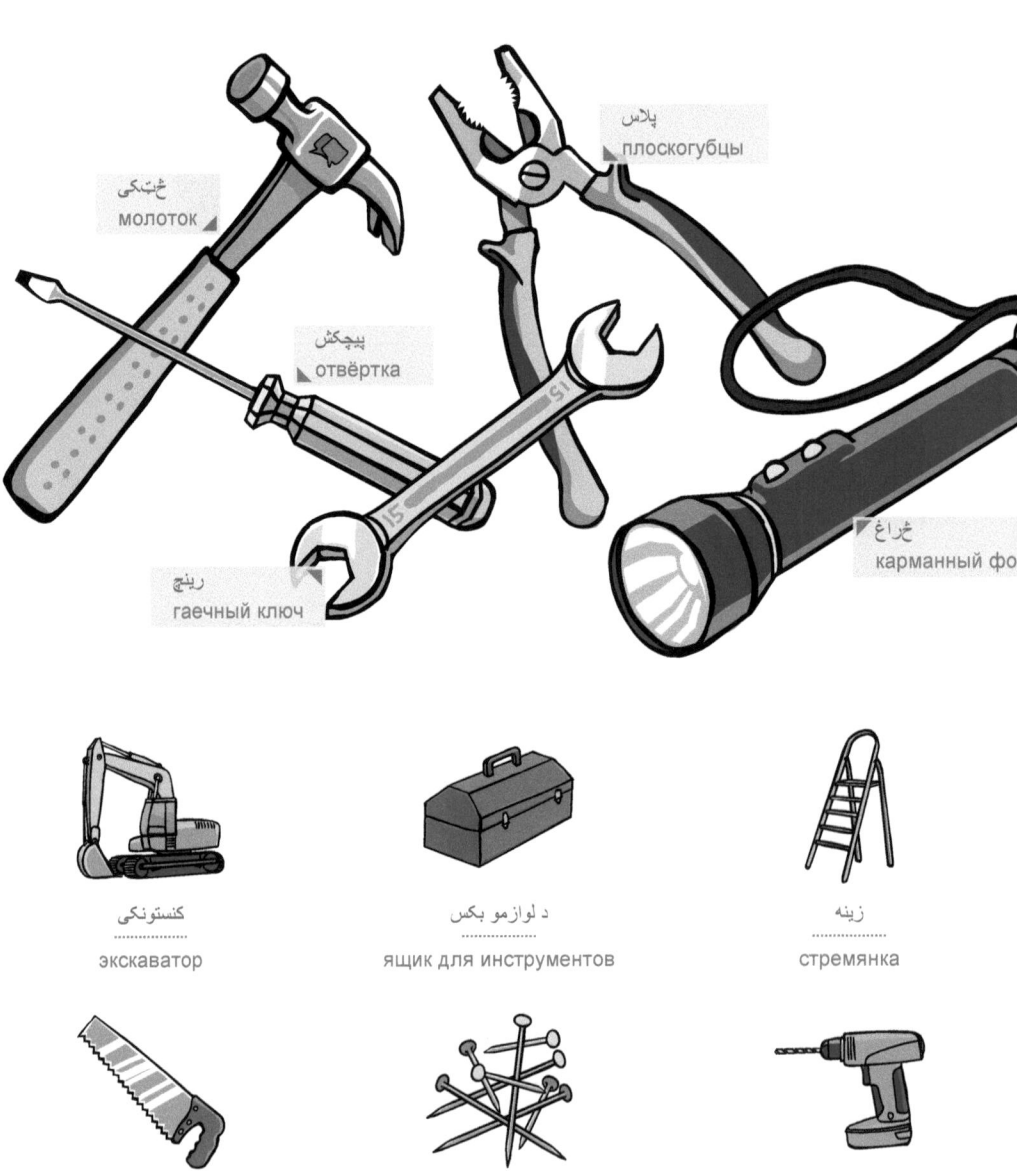

لوازم

инструменты

молоток
پلاس
плоскогубцы
پیچکش
отвёртка
رینچ
гаечный ключ
څراغ
карманный фон

کنستونکی

экскаватор

د لوازمو بکس

ящик для инструментов

زینه

стремянка

اره

пила

میخونه

гвозди

برمه

дрель

ترمیم کول

ремонтировать

بیل

лопата

لعنت!

Блин!

خاک انداز

совок

مشوانۍ

ведро с краской

پیچونه

винты

د میوزیک آلات

музыкальные инструменты

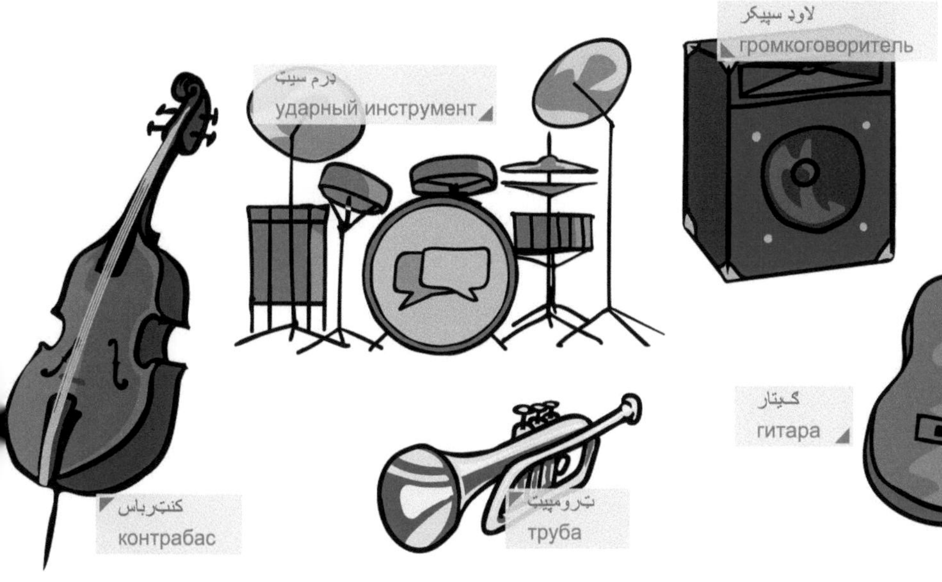

درم سیټ
ударный инструмент ◢

لاود سپیکر
громкоговоритель ◢

گیتار
гитара ◢

کنټرباس
контрабас

ترومپیټ
труба

پیانو

пианино

وایلن

скрипка

باس

бас-гитара

نغاره

литавры

درمونه

барабан

کي بورډ

синтезатор

سیکسافون

саксофон

شپیلی

флейта

مایکروفون

микрофон

د میوزیک آلات - музыкальные инструменты

ژوبڼ

зоопарк

тигр
ننوتو لاره
вход
پنجره
клетка
ګوره خر
зебра
د ژويو خواره
корм
панда

ژوی
....
животные

هاتي
....
слон

کنګرو
....
кенгуру

د اوبو اسپ
....
носорог

ګوريلا
....
горилла

ايږه
....
медведь

اوښ

верблюд

شترمرغ

страус

زمری

лев

بيزو

обезьяна

غزی

фламинго

طوطي

попугай

قطبي ايږه

белый медведь

پينګوين

пингвин

شارک

акула

طاوس

павлин

مار

змея

تمساح

крокодил

ژوبڼ ساتونکی

служитель зоопарка

سيل

тюлень

جګوار

ягуар

یابو

....

пони

پړانګ

....

леопард

هیپو

....

бегемот

زرافه

....

жираф

باز

....

орёл

نرخوګ

....

кабан

کب

....

рыба

شمشتۍ

....

черепаха

سمندري نولی

....

морж

ګیدړه

....

лиса

هوسۍ

....

газель

امریکایی فټبال
американский футбол

سایکل ځغلول
езда на велосипеде

تینیس
теннис

باسکیتبال
баскетбол

لامبو
плавание

باکسینگ
бокс

د کنګل هاکي
хоккей

فټبال

футбол

کسیزه

бадминтон

د ځغاستي لوبي

лёгкая атлетика

د هندبال

гандбол

سکي

лыжный спорт

پولو

поло

نټوپ وهل
прыгать

غاړه ورکول
обнимать

خندل
смеяться

ګرځیدل
идти

سندري ویل
петь

خوب لیدل
мечтать

عبادت کول
молиться

مچه کول
целовать

لیکل
писать

کښل
рисовать

ښودل
показывать

تیله کول
нажимать

ورکول
давать

اخیستل
брать

درلودل

иметь

کول

делать

پايېدل

быть

ودرېدل

стоять

منډې وهل

бежать

راکښل

тянуть

ګوزارل

бросать

لوېدل

падать

څملاستل

лежать

انتظار کول

ждать

ورل

носить

کښېناستل

сидеть

پوښاک اغوستل

надевать

ويده کېدل

спать

پاڅېدل

просыпаться

كتل

....

рассматривать

ژړل

....

плакать

برید کول

....

гладить

گـمنځ کول

....

причесывать

خبري کول

....

говорить

پوهیدل

....

понимать

غوښتل

....

спрашивать

اوریدل

....

слушать

څښل

....

пить

خوړل

....

кушать

پاکول

....

наводить порядок

مینه کول

....

любить

پخلی کول

....

готовить

موټر چلول

....

ехать

الوتل

....

летать

بیړی چلول

ходить под парусом

حساب

считать

لوستل

читать

زده کول

учиться

کار کول

работать

واده کول

вступать в брак

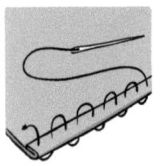

ګنډل

шить

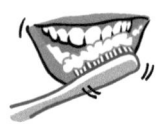

د غاښونو برس کول

чистить зубы

وژل

убивать

سګرټ څښل

курить

لیږل

отправлять

семья

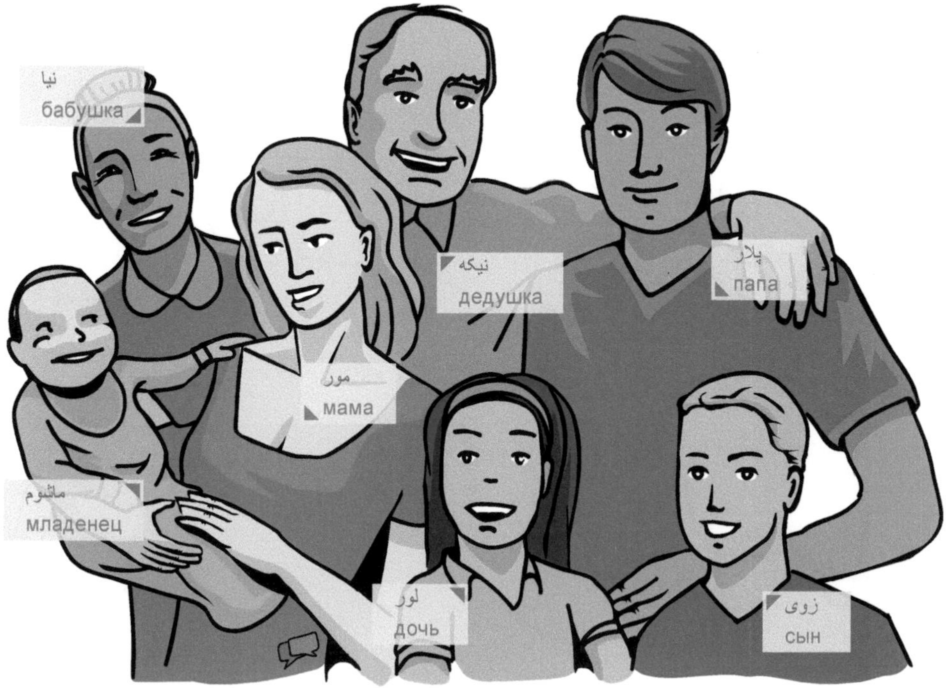
نیا
бабушка
نیکه
дедушка
پلار
папа
مور
мама
ماشوم
младенец
لور
дочь
زوی
сын

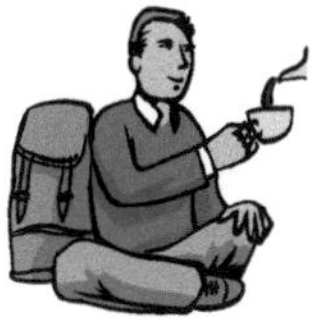

میلمه

гость

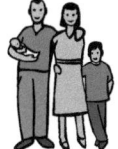

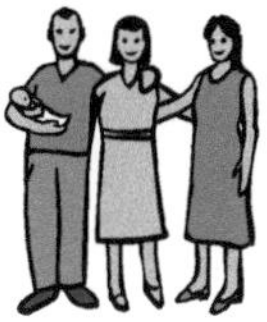

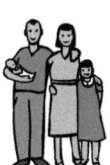

ترور

тетя

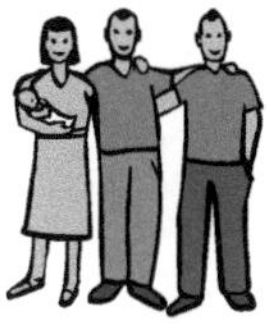

کاکا/ماما

дядя

ورور

брат

خور

сестра

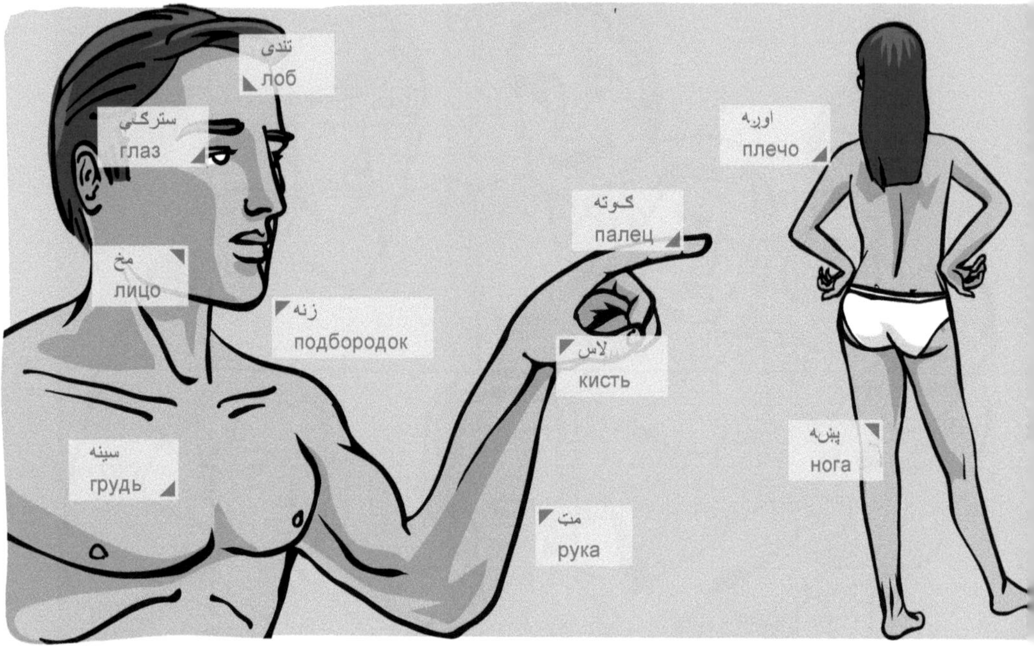

تندی
لوب

سترګکی
глаз

مخ
лицо

زنه
подбородок

سینه
грудь

ګوته
палец

لاس
кисть

مت
рука

اوږه
плечо

پښه
нога

ماشوم

младенец

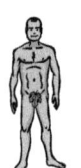

سړی

мужчина

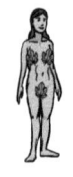

ښځه

женщина

انجلی

девочка

هلک

мальчик

سر

голова

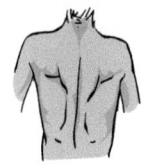

شا

спина

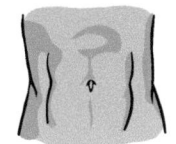

خېټه

живот

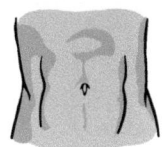

نوم

пупок

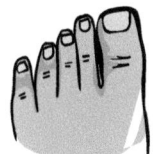

د پښې ګوته

палец ноги

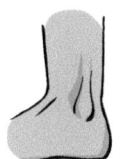

پونده

пятка

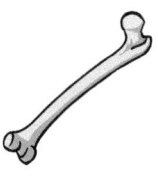

هډوکی

кость

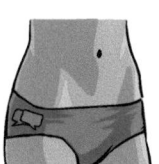

کوناټی

бедро

زنګون

колено

څنګل

локоть

پوزه

нос

لاندي برخه

ягодицы

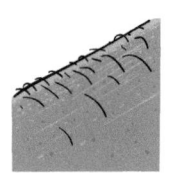

پوټکی

кожа

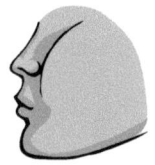

غومبوری

щека

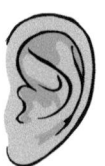

غوږ

ухо

شونډه

губа

خوله

рот

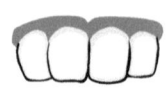

غاښ

зуб

ژبه

язык

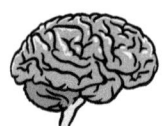

مغز

мозг

زړه

сердце

عضله

мышца

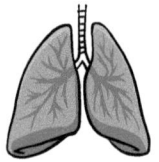

سږی

лёгкое

ځیګر

печень

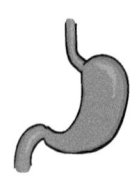

معده

желудок

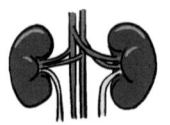

پښتورګي

почки

جنسي نږدې والی

половой акт

کاندوم

презерватив

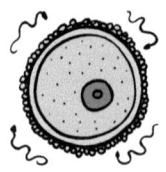

تخمه

яйцеклетка

مني

сперма

حمل

беременность

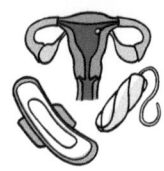

حيض

менструация

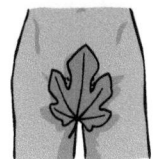

مهبل

вагина

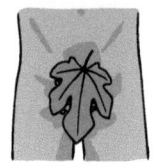

د نارينه تناسلي آله

пенис

وروځی

бровь

ويښته

волосы

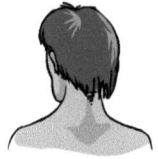

غاړه

шея

روغتون

больница

امبولانس
машина скорой помощи
ویل چیر
кресло-каталка
کسر
перелом

ډاکټر

врач

عاجل خونه

пункт первой помощи

رنځورپال

медсестра

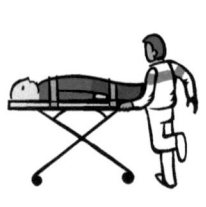

عاجل

неотложный случай

بي هوش

без сознания

درد

боль

ټپ
....
повреждение

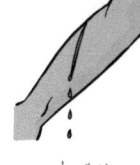

وینه تویدل
....
кровотечение

د زړه حمله
....
инфаркт

ضرب
....
инсульт

حساسیت
....
аллергия

ټوخی
....
кашель

تبه
....
повышенная температура

انفلوینزا
....
грипп

نس ناستی
....
понос

سر درد
....
головная боль

سرطان
....
рак

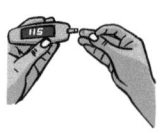

شکر
....
диабет

جراح
....
хирург

سکالپل
....
скальпель

عملیات
....
операция

سي.ټي
....
КТ

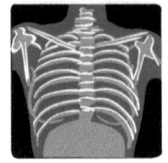

ایکس رې
....
рентген

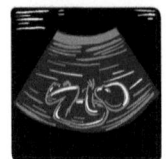

التراساوند
....
ультразвук

د مخ ماسک
....
маска

ناروغي
....
болезнь

انتظار خونه
....
приёмная

امسآ
....
костыль

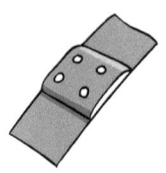

پلستر
....
пластырь

بنداژ
....
бинт

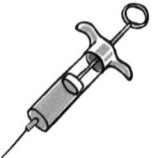

تزریق
....
укол

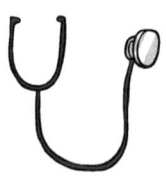

ستاتسکوپ
....
стетоскоп

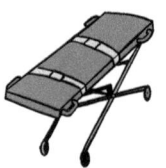

تسکیره
....
носилки

کلینکي ترمامیټر
....
термометр

زیږون
....
рождение

زيات وزن
....
избыточный вес

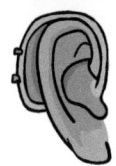

د اوریدو مرسته

слуховой аппарат

د عفونیت څخه پاکونکي مواد

дезинфекционное средство

عفونیت

инфекция

ویروس

вирус

ایچ.آی.وی/ایډز

ВИЧ / СПИД

درمل

лекарство

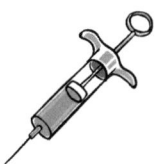

واکسین

прививка

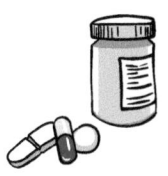

ټابلیټس

таблетки

ګولۍ

противозачаточная таблетка

عاجل تلیفون

экстренный вызов

د وینې د فشار څارونکی

прибор для измерения кровяного давления

ناروغ/روغ

больной / здоровый

عاجل

неотложный случай

مرسته!

Помогите!

الارم

сигнал тревоги

يرغل

нападение

برید

атака

خطر

опасность

عاجل لاره

запасной выход

اورا!

Пожар!

د اور وژونکی

огнетушитель

پیښه

несчастный случай

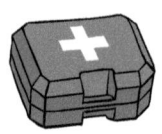

د لومړی مرستي لوازم

аптечка

ايس.او.ايس

SOS

پولیس

милиция

اروپا

Европа

شمالي امريكا

Северная Америка

سهيلي امريكا

Южная Америка

افريقا

Африка

آسيا

Азия

آسټريليا

Австралия

اتلانتيک

Атлантический океан

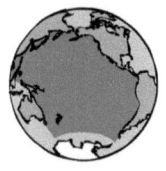

پاسيفيک

Тихий океан

د هند بحر

Индийский океан

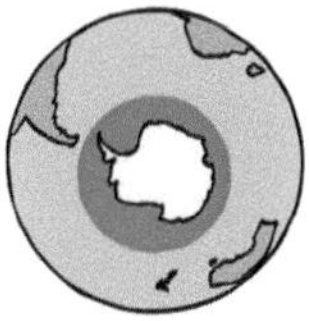

جنوبي منجمد بحر

Антарктический океан

د شمال قطب بحر

Северный Ледовитый океан

شمالي قطب

Северный полюс

سهيلي قطب

Южный полюс

انټارکټيکا

Антарктика

ځمکه

земля

ځمکه

суша

بحر

море

ټاپو

остров

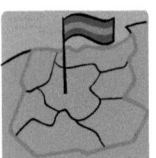

ملت

нация

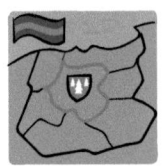

دولت

государство

ساعت

часы

د مخي ساعت

циферблат

د ساعت ستنه

часовая стрелка

د دقيقي ستنه

минутная стрелка

د ثانيی ستنه

секундная стрелка

څه وخت دی؟

Который час?

ورځ

день

وخت

время

اوس

сейчас

ډيجيټل ساعت

электронные часы

دقيقه

минута

ساعت

час

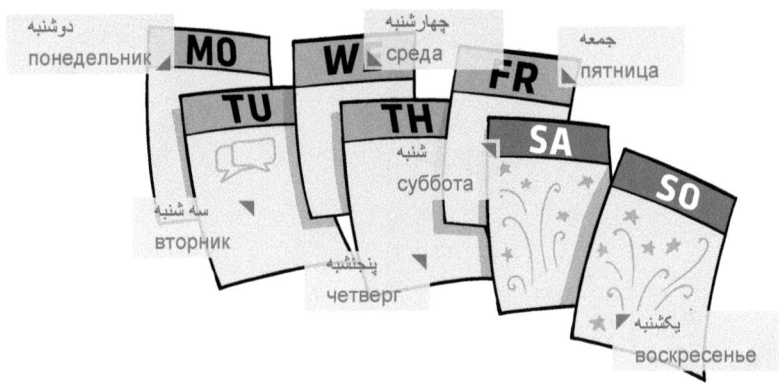

دوشنبه
понедельник

چهارشنبه
среда

جمعه
пятница

سه‌شنبه
вторник

پنجشنبه
четверг

شنبه
суббота

يكشنبه
воскресенье

پرون
....
вчера

نن
....
сегодня

سبا
....
завтра

سهار
....
утро

غرمه
....
полдень

ماښام
....
вечер

MO	TU	WE	TH	FR	SA	SU
1	2	3	4	5	6	7
8	9	10	11	12	13	14
15	16	17	18	19	20	21
22	23	24	25	26	27	28
29	30	31	1	2	3	4

كاري ورځې
....
рабочие дни

MO	TU	WE	TH	FR	SA	SU
1	2	3	4	5	6	7
8	9	10	11	12	13	14
15	16	17	18	19	20	21
22	23	24	25	26	27	28
29	30	31	1	2	3	4

د اونۍ پای
....
выходные

год

باران
дождь
رنګین کمان
радуга
باد
ветер
واوره
снег
پسرلی
весна
اوړی
лето
منی
осень
ژمی
зима

د موسم وړاندوینه

прогноз погоды

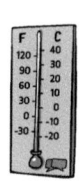

ترمومیټر

термометр

د لمر وړانګې

солнечный свет

وريځ

туча

لړه

туман

رطوبت

влажность воздуха

رڼا

молния

تندر

гром

توفان

буря

ږلۍ وريدل

град

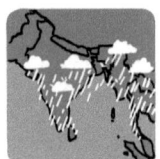

مون سون باران

муссон

سيلاب

наводнение

يخ

лёд

جنوري

январь

فبروري

февраль

مارچ

март

اپرېل

апрель

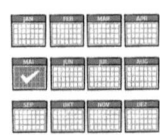

مۍ

май

جون

июнь

جولای

июль

اګست

август

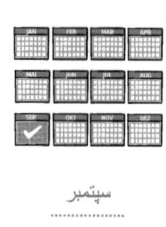

سپتمبر
....
сентябрь

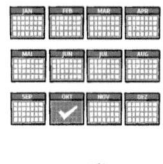

اکتوبر
....
октябрь

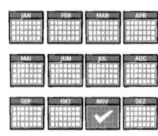

نومبر
....
ноябрь

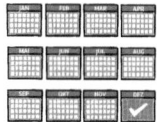

دسمبر
....
декабрь

شکلونه

формы

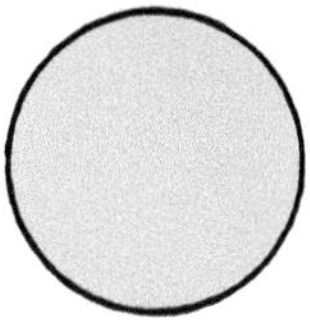

دایره
....
круг

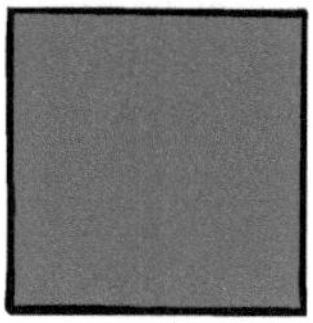

مربع
....
квадрат

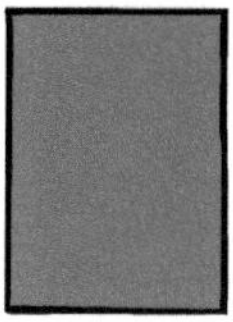

مستطیل
....
прямоугольник

مثلث
....
треугольник

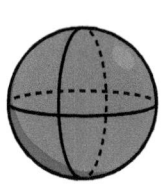

توپ
....
шар

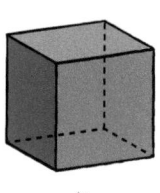

فال
....
куб

سپین
....
белый

ژیړ
....
желтый

نارنجي
....
оранжевый

ګلابي
....
розовый

سور
....
красный

ارغواني
....
лиловый

نيلي
....
синий

شين
....
зелёный

نسواري
....
коричневый

خړ
....
серый

تور
....
черный

متضاد

противоположности

خورا ډیر/خورا لږ
....
много / мало

قار/ارام
....
яростный / мирный

ښکلی/بدشکله
....
красивый / уродливый

پیل/پای
....
начало / конец

لوی/کوچنی
....
большой / маленький

روښانه/تیاره
....
светлый / темный

ورور/خور
....
брат / сестра

پاک/ککړ
....
чистый / грязный

مکمل/نامکمل
....
полный / неполный

ورځ/شپه
....
день / ночь

مړ/ژوندی
....
мёртвый / живой

پراخه/نری
....
широкий / узкий

د خوراک ور/نه خورل کیدونکی

....

съедобный / несъедобный

بد/مهربان

....

злой / дружелюбный

پاریدلی/بې خونده

....

взволнованный / скучающий

چاق/وچ

....

толстый / худой

لومړی/وروستی

....

сначала / в конце

ملګری/دښمن

....

друг / враг

ډک/تش

....

полный / пустой

سخت/نرم

....

твёрдый / мягкий

دروند/سپک

....

тяжёлый / легкий

لوږه/تنده

....

голод / жажда

ناروغ/روغ

....

больной / здоровый

غیرقانوني/قانوني

....

незаконный / законный

هوښیار/ساده

....

умный / глупый

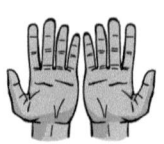

کیڼ/ښي

....

слева / справа

نږدې/لرې

....

близко / далеко

86 متضاد - противоположности

نوی/زوړ

новый / подержанный

هیڅ/یوڅه

ничто / нечто

بډا/ځوان

старый / молодой

چالان/بند

включено / выключено

خلاص/تړلی

открыто / закрыто

غلی/لوړ غږ

тихо / громко

بډایه/غریب

богатый / бедный

صحیح/غلط

правильный / неправильный

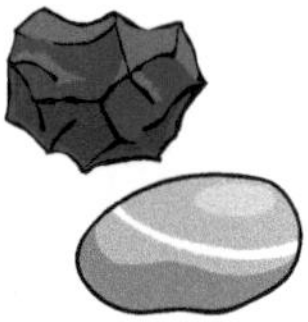

زیږ/ملایم

шероховатый / гладкий

خفه/خوښ

печальный / счастливый

لنډ/اوږد

короткий / длинный

سست/ګړندی

медленный / быстрый

لوند/وچ

мокрый / сухой

ګرم/یخ

тёплый / прохладный

جګړه/سوله

война / мир

цифры

0

صفر

ноль

1

يو

один

2

دوه

два

3

دري

три

4

څلور

четыре

5

پنځه

пять

6

شپږ

шесть

7

اوه

семь

8

اته

восемь

9

نهه

девять

10

لس

десять

11

يولس

одиннадцать

12

دولس

двенадцать

13

دیارلس

тринадцать

14

څوارلس

четырнадцать

15

پنځلس

пятнадцать

16

شپاړس

шестнадцать

17

وولس

семнадцать

18

اتلس

восемнадцать

19

نولس

девятнадцать

20

شل

двадцать

100

سل

сто

1.000

زر

тысяча

1.000.000

میلیون

миллион

ژبي

ЯЗЫКИ

انګلسي
....
английский

امریکایی انګلسي
....
американский английский

چینایی مندرین
....
мандаринский китайский

هندي
....
хинди

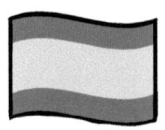

هسپانوي
....
испанский

فرانسوي
....
французский

عربي
....
арабский

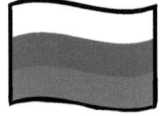

روسي
....
русский

پرتګالي
....
португальский

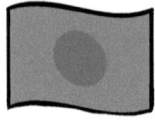

بنګالي
....
бенгальский

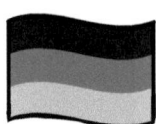

آلماني
....
немецкий

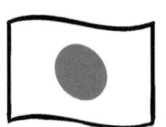

جاپاني
....
японский

زه

я

ته

ты

هغه/دغه/دا

он / она / оно

موږ

мы

تاسې

вы

دوی/هغوی

они

څوک؟

кто?

څه؟

что?

څنګه؟

как?

چېري؟

где?

کله؟

когда?

نوم

имя

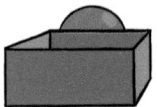

چیرې
где

شاته

за

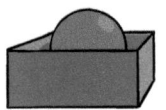

په

в

په مخه کي

перед

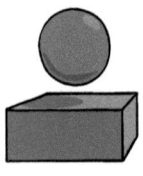

باندي

над

په

на

لاندي

под

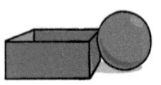

برسیره پر

рядом

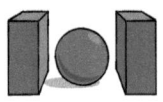

ترمینځ

между

ځای

место